où le savoir vient à la vie

Texte de Terry Martin
Sous la direction de Mary Atkinson
Direction Artistique Jane Horne
Directrice adjointe à la rédaction Mary Ling
Production Louise Barratt
Consultante Theresa Greenaway
Recherche photographique Lorna Ainger

Photographies supplémentaires Jane Burton, Peter Chadwick, Gordon Clayton, Andy Crawford, Philip Dowell, Andreas Einsiedel, Steve Gorton, Frank Greenaway, Derek Hall, Colin Keates, Dave King, Stephen Oliver, Tim Ridley, Karl Shone, Stephen Shott, Kim Taylor, Matthew Ward, Jerry Young.

Édition originale publiée en Angleterre en 1996, par Dorling Kindersley Limited,
9 Henrietta Street, London WC2E 8PS
Copyright © 1996 Dorling Kindersley Limited, London
Copyright © 1992 Jerry Young, 1991 et 1992, pour les photographies
(couverture, coccinelle; page titre, coccinelle, scarabée;
Pourquoi les abeilles et les frelons…?
coccinelle, scarabée, faux-bourdon; Pourquoi les feuilles…?
scarabée, lucane, cerf-volant).
Copyright © 1997 Les Editions Scholastic pour la traduction française
Tous droits réservés.
Vente interdite au Québec
Visitez-nous sur Internet www.dk.com

Il est interdit de reproduire, d'enregistrer ou de diffuser en tout ou en partie le présent ouvrage par quelque procédé que ce soit, électronique, mécanique, photographique, sonore, magnétique ou autre, sans avoir obtenu au préalable l'autorisation écrite de l'éditeur.

ISBN : 0751374083

Dépôt légal : Décembre 1998
Reproduction couleur par Chromagraphics, Singapour.
Imprimé par L.E.G.O en Italie.

L'éditeur tient à remercier les personnes suivantes pour leur avoir permis d'utiliser leurs photos: h haut, b bas, g gauche, d droite, c centre, DC dos de la couverture, C couverture Bruce Coleman Ltd: Hans Reinhard : 12-13c, 18-19c; The Image Bank: Joe Van Os couverture c, 8-9c, 14-15c, Franklin Wagner pages de garde; Natural History Photographic Agency, Haroldo Palo Jr. 20-21c; Tony Stone Images: Donovan Reese 16-17c, Stuart Westmorland dos de la couverture c, 10-11c.

Questions

Pourquoi les choses sont de plusieurs couleurs différentes? 6

Pourquoi le ciel devient orange au coucher du soleil? 8

Pourquoi la mer est bleue quand l'eau est claire? 10

Pourquoi les abeilles et les frelons ont des rayures noires et jaunes? 12

Pourquoi les zèbres ont des rayures blanches et noires ? 14

Pourquoi les feuilles changent de couleur à l'automne? 16

Pourquoi les fleurs ont des pétales aussi colorés? 18

Pourquoi les fruits ont toujours des couleurs vives? 20

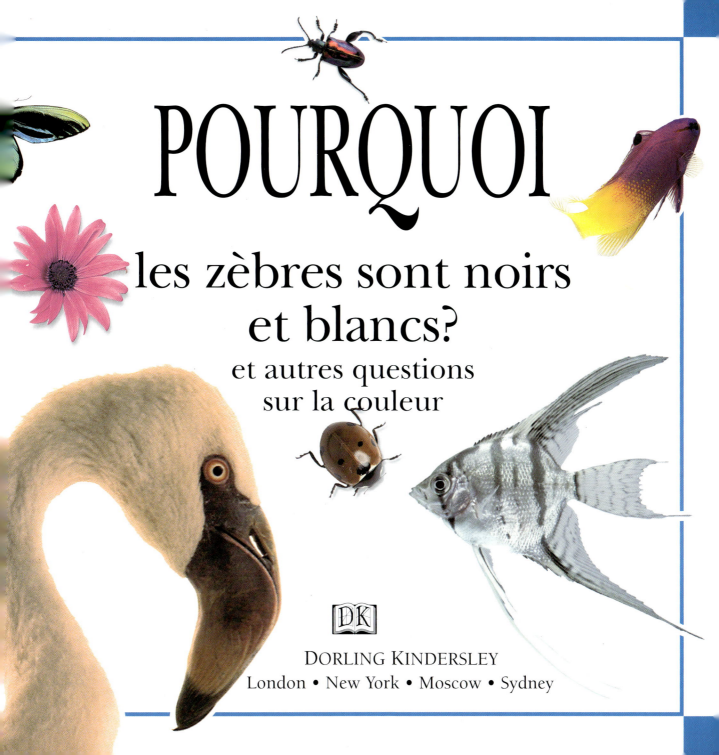

POURQUOI

les zèbres sont noirs et blancs?
et autres questions sur la couleur

DORLING KINDERSLEY
London • New York • Moscow • Sydney

Pourquoi les choses son

La plupart des objets sont colorés par des teintures ou des pigments. Les teintures se dissolvent dans l'eau et colorent les vêtements, le papier et même la nourriture. Les pigments colorent les surfaces. On les trouve dans la peinture, par exemple.

Pourquoi j'obtiens de l'orange quand je mélange du rouge et du jaune? Toutes les couleurs sont des mélanges de rouge, de bleu et de jaune. Essaie de mélanger du rouge et du bleu. Quelle couleur obtiens-tu?

le couleurs différentes?

Pourquoi mon chandail est rouge si les moutons sont blancs?

La laine du mouton est souvent blanche, mais une fois tondue, on peut la teindre n'importe quelle couleur, même rose avec des points pourpre!

Pourquoi le ciel devient

Quand le soleil se couche, sa lumière traverse une grande étendue d'air poussiéreux. Cet air absorbe presque toute la lumière, laissant un mélange ardent de rouge et d'orange.

Pourquoi les flamants roses sont roses?

Les flamants mangent tellement de crevettes et d'autres créatures roses que ce n'est pas étonnant qu'ils soient roses du bec aux pattes.

orange au coucher du soleil?

Pourquoi les papillons ont de si jolies couleurs?
Les papillons ont de magnifiques motifs colorés sur les ailes pour se reconnaître entre eux et se trouver un partenaire.

Pourquoi les perroquets ont des couleurs aussi vives?
Les perroquets sont une des créations les plus saisissantes de la nature. Leurs couleurs audacieuses éblouissent les autres perroquets et préviennent les ennemis de ne pas s'approcher trop près.

Pourquoi la mer est bleue

La lumière du soleil est un mélange de couleurs. Quand elle frappe la mer, toutes les couleurs, sauf le bleu, sont absorbées par l'eau.

Pourquoi les poissons tropicaux ont de si belles couleurs? Les motifs colorés ne sont pas uniquement attrayants. Ils aident les poissons à se cacher dans les coraux.

quand l'eau est claire?

Pourquoi le cyprin doré est appelé poisson rouge?

Le poisson rouge a déjà été plus pâle. Il y a environ 900 ans, les humains ont commencé à faire l'élevage des plus colorés, créant un poisson d'un orange de plus en plus vif.

Pourquoi plusieurs poissons ont des écailles argentées?

Les écailles argentées agissent comme un miroir et réfléchissent la lumière, rendant le poisson difficile à voir d'en dessous.

Pourquoi les abeilles et les frelons

Le jaune, le noir et le rouge sont parmi les couleurs que la nature utilise en guise d'avertissement. Les rayures des abeilles et des frelons mettent en garde les oiseaux contre leurs piqûres douloureuses.

Pourquoi les coccinelles ont des points noirs?

Les points noirs sur fond rouge préviennent les créatures affamées que ces bestioles à l'air inoffensif dégagent un poison nauséabond par leurs petits genoux.

ont des rayures noires et jaunes?

Pourquoi y a-t-il des coléoptères lustrés?

À nos yeux, plusieurs coléoptères ressemblent à des bijoux scintillants. Pour leurs ennemis, les couleurs brillantes veulent dire «Je suis venimeux».

Pourquoi les faux-bourdons sont presque identiques aux frelons?

On dirait un frelon, mais ce n'est qu'un faux-bourdon inoffensif. Ses rayures noires et jaunes trompent les oiseaux affamés en leur faisant croire qu'il pique.

Pourquoi les zèbres ont des

Les rayures des zèbres aident le troupeau à se confondre et à se dissimuler au crépuscule. Cela sème la confusion chez les lions affamés.

Pourquoi y a-t-il des chats rayés?
Certains ont des caractéristiques qui leur ont été transmises par leurs ancêtres sauvages, qui avaient des rayures pour mieux se cacher durant la chasse.

rayures blanches et noires?

Pourquoi certains insectes ressemblent à des feuilles?

Dans la nature, les oiseaux cherchent les insectes savoureux. Ils seront incapables de voir cette sauterelle — son déguisement futé la sauve.

Pourquoi les feuilles

Tandis que l'arbre se prépare à l'hiver, le pigment vert de ses feuilles se sépare et des produits chimiques utiles retournent dans l'arbre. D'autres pigments laissés derrière incluent l'orange et le rouge, qui colorent alors les feuilles.

Pourquoi les feuilles sont vertes?
Les plantes ont besoin du pigment vert de leurs feuilles pour changer la lumière du soleil en énergie vivifiante.

...changent de couleur à l'automne?

Pourquoi certains arbres sont toujours verts?

Les conifères ont des feuilles épaisses et solides qui peuvent survivre à des temps froids et venteux.

Pourquoi plusieurs feuilles sont lustrées?

La surface cireuse est comme un manteau pour la feuille. Elle la protège du vent, de la pluie et du soleil.

Pourquoi les fleurs ont

Les fleurs utilisent la couleur pour inviter les oiseaux, les abeilles et d'autres créatures à goûter leur doux nectar. Les visiteurs laissent derrière eux le pollen d'autres fleurs — exactement ce dont la plante a besoin pour faire ses graines.

Pourquoi certaines fleurs sont rouges?

Pour les oiseaux qui mangent le nectar, la fleur rouge est comme un aimant. Comme les oiseaux distinguent le rouge, ils ne manqueront pas ces fleurs.

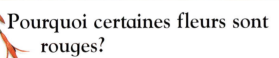

...des pétales aussi colorés?

Pourquoi certaines fleurs ont des rayures?

Les rayures sont comme les lumières sur les pistes d'atterrissage. Elles guident les abeilles vers le nectar à l'intérieur.

Pourquoi certaines fleurs sont jaunes?

Les abeilles ont une préférence pour les fleurs jaunes. Quand elles voient du jaune, elles se précipitent pour trouver le nectar.

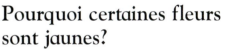

Pourquoi les fruits ont

Plusieurs plantes ont des fruits de couleur vive pour attirer les créatures affamées. Les animaux répandent ensuite partout les graines qui se trouvent à l'intérieur du fruit.

Pourquoi les poivrons sont de différentes couleurs?

Les poivrons verts ne sont pas mûrs. Quand ils mûrissent, ils deviennent jaunes, orange, rouges et d'autres couleurs.

toujours des couleurs vives?

Pourquoi faut-il que je mange des légumes verts?

Même si ce n'est pas facile, c'est très important. Les légumes sont pleins de vitamines et de minéraux dont tu as besoin pour grandir.

Pourquoi les trognons de pomme brunissent?
Quand tu mords dans la peau d'une pomme, l'air atteint la chair douce et la fait brunir.